「ある裁判の戦記」を読む

差別を許さない
市民の願いが実った

山崎雅弘

内田樹

かもがわ出版

目次

内田　まずは、今回の裁判での完全勝訴、おめでとうございます。

この裁判では、弁護士の佃先生はじめ、一四〇〇人を越えるサポーターなど、多くの方々にお支えいただいて、完全勝訴を勝ち取りました。そして、このたび裁判の記録を、戦史・紛争史研究家による「戦記本」として、かもがわ出版から刊行していただくはこびとなりました。この裁判の全経過を記録としてきちんと残すことは、とても意義のあることだと思います。

日本社会はこの一〇年政治的な節度を失いました。これまでかろうじて維持してきた論理性や倫理性のタガが外れてしまった。ネットでもテレビでも、差別主義者たちが時の権力者の後ろ盾を得て、公然と差別的な発言をするようになりました。

今回の判決はその流れに冷水を浴びせたと思います。この判決は、いわゆる「スラップ訴訟」に対する判決だと言ってよいと思います。この判決で、社会的強者が司法を使って市民を恫喝するというやり方に歯止めがかかったとしたら、歴史的意義のある裁判だったと思います。

今回の裁判の詳しい経緯については、山崎さんが戦記の単行本に書かれていますので、この対談では、この裁判と判決の意義について、当事者である山崎さんご自身の見解などをうかがっていきたいと思います。

5　「ある裁判の戦記」を読む
差別を許さない市民の願いが実った

●戦記本と対談本が社会にどんな影響を与えるかで裁判の意義は変わってくる

山崎　僕は、今回の裁判と判決の社会的意義がどういうものになるかは、まだ確定していないと思うんです。

裁判戦記の単行本とこの対談ブックレットを世に出して、それが社会にどんな反応を呼び起こすことができるか。過大な期待は抱いてはいないんですけれども、いろんな立場の方が何らかの形でこれらの本の内容に触れて、ご自分の意見を述べてくださったり、僕の経験と判決内容を別の裁判や社会運動に活用していただければいいな、と考えています。

代理人弁護士の佃さんと僕は、この裁判の過程で、グロテスクな前提事実を、数多く裁判所に提出しました。具体的には、今回の裁判を起こした竹田恒泰氏が過去にどれだけひどい差別的な言説を、動画や著作、SNSへの投稿で社会に発信してきたかという、証拠の列挙です。にもかかわらず、そうした事実は今でも問題視されず、彼は未だにテレビに出演したり、自衛隊の講演に呼ばれたりしている。

こういう異様な状況を知らない人はまだまだ多いと思うんです。僕の裁判戦記本や対談ブックレットを読んでこれらの事実を初めて知った方が、どんな反応や行動を起こすかによって、この裁判や判決の社会的な意義は大きく変わってくると思います。

僕自身は、全面勝訴という最高裁の決定が出た段階で、精神的にはすごく肩の荷が下りたような気がしたことは事実です。

一審での勝訴は、審理の期間を通じてある程度の確信を持てたというか、おそらく勝てるだろうという見込みはあったんですけれども、控訴審と最高裁での審理に関しては、今までにいろんな社会問題に関する他の裁判の結果を報道などで見て、意外な判決や不可解な判決が下されたと感じることも時々ありました。

そのため、自分の不注意な言動が原因で一審勝訴の判決がひっくり返ったらどうしよう、という、そんなプレッシャーも新たに感じていました。それが、最高裁の決定で判決内容が確定して、強い安堵感を覚え、かなり精神的には楽になりました。ただ、「これで全部終わった」という感じは全然しなかったんですね。

裁判経過の戦記本を書くというアイデアは、竹田氏が今回の裁判を起こす前の段階、「裁判をするぞ」と訴訟の脅しを僕にかけてきた段階で、すでに決まっていました。

本の中でも書きましたが、同じように竹田氏から訴訟の脅しをかけられていた内田さんとのメッセージのやりとりの中で、「じゃあ裁判になったら一連の経緯を本の形で記録に残しましょう」と内田さんにご提案いただいて、僕も「それはいい考えですね」と賛同しました。

いろんな経過を細かく記録に残すことは、僕にとっては裁判に付随する作業の一部でした。なので、この戦記本の執筆が終わるまでは、今回の裁判における自分の仕事や役割がすべて終わったという気はしなかったんですよ。

今回、このような形で戦記本を世に出せるはこびとなり、それが社会にどういう波紋を及ぼすことができるかについて、今は期待混じりの注目をしているところですね。

判決の行間から「司法の怒り」を感じた

内田　今回の裁判についての個人的な印象を述べると、一番ほっとしたことは、司法判断が常識的なものであったということです。

最初に竹田恒泰氏が山崎さんを訴えると言い出した時、彼はこの裁判に「勝てる」と見込んでいたのだと思います。司法を論的の恫喝の道具に使うというやり方について「手慣れている」という感じが行間に感じられましたから。ということは、彼は、僕らの知らないところで、過去にもこれに類したことを何度もやってきて、それなりの成果を上げてきたのではないかと僕は推測します。おそらくは「訴訟する」という内容証明の郵便が弁護士事務所から届いた時点で、送られた側は求めに応じて謝罪するなり、発言を撤回するということが多くて、実際に裁判まで行ったケースはむしろ少ないのかもしれません。そして、たぶんその裁判でも通算成績は悪くなかったんだと思います。

これは山崎さんとは違う人に対してですけれども、彼はツイッター上で「貴殿は私の訴訟に耐えられるかな?」と自信たっぷりな台詞を投稿していました。あれは過去に「この手段で勝ち続けてきた」という成功体験の裏づけがあったからだと思います。もし裁判になっても、日本の裁判官がまさか自分のことを負かすようなことはないだろうという自信が彼にはあったように思います。さいわい、今回司法は毅然とした判決を下して、そのような疑念を覆してくれたので、ほっとしました。

山崎さんが本に書かれている通り、地裁判決よりも高裁の判決文の方がさらに踏み込んで竹田氏の差別主義的な言動に対して、厳しい批判の言葉を書いていました。これを読んだ時に僕は「常識的な判断」と共に、「司法の怒り」のようなものを行間から感じ取りました。他の裁判の判決文と読み比べたわけではないので、確定的なことは言えないのですが、この判決だけを読む限り、僕は「司法を道具的に用いる人間に対する怒り」を感じました。

正直言って、一審二審の判決を読むまでは、僕は権力を持っている人間、金を持っている人間が、孤立した個人を司法という機関を使って恫喝して生業を妨害し、言論活動を萎縮させる「スラップ訴訟」についても、裁判所は普通の裁判と同じように扱うのだろうと思っていました。

裁判官は両方の言い分に耳を傾けた上で判決を下した

内田　普通の裁判は、個人間のトラブルについて、他に調停する手段がない場合に、やむなく司法の判断を仰ぐというもののはずです。しかし、今ではそういう個人的な対話調停の努力をまったく経由しないで、トラブルが起きたら即訴訟というふうに司法を道具的に利用するやり方が広まっている。そして、その風潮に対して、裁判所は「そういうのは止めて欲しい」という特段の意思表示をしていない。ですから、裁判官たちは社会的強者の道具として使われることに対して心理的抵抗を感じないのかも知れないという不安を感じていたんです。

　でも、今回の判決文を読んで、司法を他の市民を恫喝するために道具的に利用する人間たちに対して、裁判官たちもまた静かな怒りを感じているということが知れました。

　考えてみたら当然なんです。司法判断といっても別に文書を入力したら、機械的に判決文がタイプアウトされて出てくるわけじゃない。生身の判事が大量の文書を読んで、長文の判決文を書くわけです。司法判断というのは、判事ひとりひとりが自分の体力と時間を削り出して下しているものです。市民同士の話し合いでは容易に正否の判断が下せないほどややこしい係争なら、たしかに司法の出番でしょうけれども、今回の訴訟のように、言論活動を通じて決着がつくし、決着つけるべき問題を、あえて司法の手を煩わせる人間に対しては、裁判官だって「よけいな仕事を増やして」という不快感を覚えて当然だと思うんです。

ですから、判決文を読んで、正直なところ、僕は一市民としてほっとしました。両方の言い分に等しく耳を傾けて、その結果、山崎さんに理があるという判断も「常識的」だと評価しますが、司法を個人的な報復手段として道具的に利用する人間に対する怒りを行間に感じたからです。その判決文を読みながら、金のある者、権力のある者たちが他者を恫喝するただの道具として司法を軽んじてきたことに、司法の側はひそかな怒りを覚えてきたのだということが僕には感じられました。

裁判官は憲法と法律と判例に従って判決を下すわけですけれど、憲法76条は「すべて裁判官はその良心に従い」と規定しています。裁判官が理非の判決を下すときに最後の砦は裁判官の「良心」なわけです。良心に従うならば、「司法を蔑《なみ》する人間」に対する怒りがあるのは当然なんです。

この一〇年間、日本の司法は政権に頤使《いし》されて、政権の意向を先取りし、代弁する行政の一組織のようなものになっているような気がしていました。でも、司法の内部にも、行政の風下に立たされていることへの憤り、「司法を舐めな」という矜持があるのかもしれない。それを判決文から感じられたことが、僕が今回実際裁判に関わってみて得られた得がたい収穫でした。山崎さんはそれについては、どうお考えですか？

裁判官は生きた人間として誠実に思考してくれた

山崎　僕も同じように感じました。裁判を経験するのは、内田さんと同様、僕も初めてだったので、裁判が進んでいく手順だけでなく、裁判官の存在というか、裁判官が審理と判決のプロセスで具体的にどういう役割を果たすのかについても、ドラマや映画に描かれているような漠然としたイメージしかありませんでした。

判決文とは、どんな内容の書類なのかというのも、調べようと思えばネットで過去の裁判の判決などを見ることもできたんですけど、敢えて他のは見ないようにしました。

それは、僕が書いて裁判所に提出した計七通の陳述書についても同じで、陳述書っていうのはどう書けばいいんだろう、というマニュアル的な記事を見に行ったり、他の誰かが裁判で出した陳述書を見て参考にすることは、やろうと思えばできたんですが、それは敢えてやらずに、佃さんと相談しながら、完全にオリジナルの陳述書を、自分のスタイルで執筆しました。

そんな感じで裁判に臨んだので、裁判官はどういう基準に基づいて諸々の判断を下すのだろうかという、裁判官固有の思考プロセスについて、何の知識もありませんでした。イメージとしては、既存の法律と過去の判例に状況を当てはめて、独自の評価は極力差し挟まずに、ある意味では機械的な作業として淡々と進めるのかと想像していました。

例えば、原子力規制委員会という公的組織がやっている作業がそうだと思います。あの委員会は、本当に原発が安全なのか危険なのかという重要な判断は下さずに、ただ既存の諸規則に現状が当てはまっているかどうかを査定し、基準に合格しているか否かだけを評価する事務的な組織だと、委員長自身が公言していました。そういう「個人としての判断は差し挟みません」という立場で、機械のように淡々と裁判の手続きを進めることが「中立」だという、冷たい感じの機関なのかな、と思っていたんです。

でも、一審の判決が出た後、裁判所で受け取った判決文を持って佃さんの事務所に行き、内田さんと三人でそこに書かれている内容をじっくりと読み込んだ時、裁判の判決文というのはこんなにも、裁判官の思考プロセスを丁寧に開示して、ＡＩのような機械とは違う本物の知性を感じさせるものなのかと、正直驚きました。

ちょっと傲慢な言い方になってしまいましたが、本当に理路整然と、争点の是非についての判断基準をきちんと明示した上で、裁判官が生きた人間として誠実に思考され、判決を下されたんだなというのが感じられる内容だと感じました。

実質的には竹田氏が被告席に立たされて裁かれていたのでは

山崎　具体的に言うと、まず双方の言い分をていねいに整理して対峙させた上で、「この点については原告（竹田氏）の主張は通らない、なぜなら原告は過去にこういう言動をしてきたからだ」という理路をきちんと指摘してあって、なぜこのような判決に到達したのかという途中の道筋が、何のごまかしもなくクリアに書かれていました。

こうした内容に接して、何というか、良い意味で予想を裏切られたというか、それまで漠然と抱いていた不安が全部解消されました。一審勝訴の時の記者会見でも述べましたが、僕はこの判決文を読んだ時、世の中の道理というものがまだ失われていないという安心感を抱いたんです。

それは、控訴審判決の時も同じでした。控訴審の裁判官が書かれた判決文も同じように、きちんと双方の主張を踏まえた上で、どちらに理があるのか、その理由は何かを明確に記述した上で、一審の原判決にあったいくつかの重要な文章について、判決の意図がより鮮明に正しく伝わるように、文言の修正がなされていました。

そこには、かなりはっきりと、裁判官の良心のようなものが込められていたように、僕には感じられました。

形式的には僕が被告で、僕が裁かれる立場だとしても、判決文を見ると、この裁判では竹田氏の方が、実質的に裁判官に裁かれたんじゃないか。この判決文を第三者が読んだら、僕と竹田氏のどっちが被告なのか、どっちが裁判官に裁かれている立場なのかが、わからなくなるんじゃないか。

裁判官は、主観的に物事の評価を下す立場ではないので、かなり抑えた表現にはなっているんですけど、僕は控訴審の判決文を読んだ時、そんな風に確信したんです。

裁判官は、判決文の中で、竹田氏の差別的な言動の問題点を、実質的に指摘しているんですよね。「これは許されないことである」という意味の言葉で。それはつまり、裁判官が竹田氏の言動について「許してはいけないことだ」と思っているということ。

だから、僕がツイッターで竹田氏を評して書いた「人権侵害常習犯の差別主義者」という言葉についても「公正な論評の範囲内である」という判断がはっきりと下されました。

僕は一審と二審の判決文から、こうしたことを感じたので、判決の内容がほんのちょっとだけしかメディアに報じられなかった、しかも主要な新聞とテレビは一切報じなかったというのが、僕にはすごく残念でした。

僕が「申し訳ない」と言うのも変な話かもしれないんですが、せっかく裁判官が、心を込めてというか、真摯に誠実に、こういう意味深い判決文を世に出してくれたのに、それが全然、社会の公益に有効に活かされていないというのが、すごく残念な気がしました。

つまり、裁判の戦記本と対談のブックレットを出すのは、この裁判の経過と判決文が生み出した大きな「成果」を、改めて世に問う試みでもあるんです。

今、この対談を読まれている方も、戦記本や対談の内容に触れて、おそらく裁判をやる前と後の僕と同じように、裁判官や裁判所に対して抱くイメージが変わる人もいると思うので、そういう効果も得られたらなという風に思っています。

●講演会中止だけを捉えたら竹田氏を被害者と描くこともできたが

内田　おっしゃる通り、今回の判決は、直接的には、いくつかの山崎さんの発言についてそれが名誉毀損に当たるかどうかについての法的な判断を下すものだったわけですけども、実際に判決文を読んでみると、訴えた竹田氏が過去に行った言動にも基づいて、山崎さんの論評の是非を判断していました。そして判決文中には引かれていませんでしたけれども、裁判官はおそらく山崎さんの過去の言動に関しても同じくらいの手間をかけて確認していたのだと思うんです。山崎さんが過去に書いたものを読めば、この人が誰かを無根拠に罵倒したり、中傷したりするような人ではないということは裁判官には分かったはずなんです。この人は根拠のあることを論理的に述べることに自らの知的威信を賭けていて、決して感情に任せて暴言を吐くような人ではないということは、山崎さんの過去の発言を徴すれば分かるはずです。

当事者双方について、その過去の発言を吟味した上で、今回論点になっているいくつかの具体的な発言について、その意味を確定した。実際に、竹田氏に関しては、過去になされた多くの言説に基づいて判決を下した。それはもちろん山崎さんが、原告の側の過去の差別的発言について、網羅的なリストを作成したからです。

今回の裁判でも、山崎さんの批判のツイートと、教育委員会主催の講演会が中止になったせいで竹田氏がこうむった社会的不利益の間に因果関係があるかどうかという点だけに絞って判決を下せば、山崎さんが加害者で、竹田氏が被害者であるという絵を描くこともできたと思うんです。でも、裁判官は個別の事件に限定してその被害加害を見るのではなく、なぜ山崎さんが「そんなこと」を発言するに至ったのかという「コンテクスト（文脈）」を重く見た。そして、山崎さんが「そういうこと」を言うには相応の理由があるとした。僕は、裁判官が「コンテクストを見て理非の判断を下した」ことにすごく驚いたんです。「裁判官って、そういうことするんだ」と思って。

山崎　僕も、そうした視野の広さを感じました。

多くの市民が言論の自由を守る公的な事業だと捉えてくれた

内田　今回の裁判で、個人的に嬉しかったことが二つあるんですが、一つは今申し上げたように、司法に対する信頼を個人的に回復できたこと。司法的知性に対する信頼を回復できたことです。もう一つは、なんといっても、本当に多くの市民の方が、この裁判の支援に立ち上がってくださったことです。

最初は、僕ら二人とも裁判の経験がないので、どれくらい手間暇がかかるものなのか、費用がどれくらいかかるものなのか、まったく見当がつかなかった。とにかく、市民の皆さんのご支援を求めようということで、裁判費用を募金しましょうというアイディアを最初に出した時には、二人とも「一〇〇万円くらい集まるといいね」というようなことを言っていましたよね。

それで、僕がツイッターでこの裁判の経緯について書いて、ついては裁判費用のご支援をお願いしたいので、専用の銀行口座を開いたので、そこに振り込んでくださいと寄付を呼びかけました。この募金については、僕と山崎さんを「とにかく信用してください」と言う以外に信用の担保はなかったんです。でも、たくさんの方がすぐ反応してくださって、募金をツイッターで呼びかけた初日だけで二〇〇万円以上が集まりました。それから毎日銀行に通帳記帳に行ったんですけれど、ゆくたびに通帳がいっぱいになって、一月で一〇〇〇万円を超えました。

これは裁判費用のための募金ですから、裁判のせいで生業に支障をきたした山崎さんの生計を支える目的には当然使えないわけですけれども、とにかくこれで裁判費用のことはまったく心配する必要がなくなりました。

これだけの数の市民が、カタカナの名前だけで、身元も明らかにしないままで支援してくれたんです。お一人で二〇万円、一〇万円と送ってくださった方も何人もいました。寄付金に関して、「使途の明細を報告をしろ」とか「そのつど会計報告をすべきだ」とかそういうことを言う人が出てくるのかなと思っていたら、そんなことを言って来る人が一人もいなかったことにも驚きました。普通だったら、こんなふうに一千万円も集めたら、「集めた金を私的に流用するんじゃないか」という疑いを抱く人がいてもおかしくないですよね。でも、誰も言わなかった。「お金の使い途に関してはあなた方お二人を信用します」っていう信用を僕らに供与してくださいました。僕はこれがすごくうれしかったです。お金が集まったことと同じくらい、お金の使い方について「あなたがたを信用する」と言ってくれたことがうれしかった。僕たちについて支援者たちが「性善説」を採用してくださったのは、僕たちがしている裁判闘争が私的な事業ではなくて、市民社会のための公的な事業だというふうに考えてくれたからだと思うんです。僕たちが私怨を晴らすとか、個人的に受けた恥辱を雪ぐとか、そういう私的な動機で戦っていたのだとしたら、これほどの支援も、これほどの信用供与も得られなかったと思います。

市民の方々が裁判費用を支援してくださったのは、「差別主義者をのさばらせるな」という怒りも理由にはむろんあると思うんですけれども、それよりはむしろ公憤というか、公民として、「シチズン（市民）」として支援してくださったのだと思います。

この裁判そのものは山崎さんという個人の「私事」ですけれども、これを「スラップ訴訟から市民を守る」「言論の自由を守る」という公的な事業の一環であるとみなして、公的な事業である以上、市民が支援して当然だというふうに考えてくれたのだと思います。募金活動をして一番うれしかったのは、そのことでした。高い公民意識を持っている市民がこれだけの数いたという事実がうれしかった。

● 内田樹さんの言葉があったから道が開けた

山崎　僕もほんとに今回の裁判でいちばんありがたかったのが、最初の段階でいろんな方からのご支援を得られたことでした。それが、精神的にも物理的にも大きな支えとなって、一人で戦うという孤立感や孤独感を全然味わわずに裁判と向き合うことができました。

集まったお金は、弁護士費用と裁判関連の経費だけにしか使っていないわけですけれども、それだけでもすごくありがたいことでした。戦記本にも書きましたけど、裁判や法的な闘争は、「こんなにお金がかかるのか」と驚くほどの出費を伴います。実際に裁判が始まったらお金がかかるんじゃなくて、裁判を回避できてもお金がかかる場合もある。

これは、すごく理不尽な話で、スラップ訴訟を仕掛ける側は間違いなく、そんな経済的負担を充分に意識して、それを武器として使っていると思うんですよ。

実際には裁判に至らなくても、「お前訴えるぞ、いやなら数百万円の慰謝料を支払え」というようなことを書面の形で内容証明で送りつけられた側が弁護士に相談して、双方の弁護士同士のやりとりで訴訟が回避されたとしても、依頼する弁護士によっては、相手側が慰謝料として要求した金額をベースにした「減額報酬」という出費が発生する場合がある。それが一〇〇万円とか、ちょっと考えられないような金額で。事前の情報集めの段階で何人かの弁護士からそうした話をうかがい、それを知った時は、僕も頭を抱えました。

また、僕にとっては、内田さんがいちばん最初に僕を「支援する」と言ってくださったことが、とりわけ大きな精神的サポートでした。

竹田氏は内田さんに対しても「山崎の投稿をリツイートしたことで訴えるぞ」と訴訟の脅しをかけていて、それで内田さんをこの裁判騒動に巻き込みたくないと思って「リツイートを解除してください」とご相談したんですけど、そうしたら内田さんが「いや、僕は別に訴えられても何とも思いません」、「裁判やってきたら一緒に戦いましょう」とはっきり述べてくださった。それがすごく心強かったです。

内田　そうでしたか。

山崎　はい、ほんとにそうなんですよ。そのお言葉をいただいて、道が開けたというか、霧の中からの出口が見えたというか。それだったら裁判になっても大丈夫かというような気持ちになれました。

そして、内田さんが実際に裁判費用の寄付を呼びかけられ、それを見た方々がご寄付を寄せてくださったという、予想もしなかったような良い方向に話が進んでいったので、僕は裁判という全然知らない戦場の中で精神的に圧し潰されそうになるという気持ちを、全然抱かずに済んだんです。

もしそれがなかったら、裁判関連の作業のために本業の手間と時間を削られて収入を減らしながら、高額の裁判費用をどうやって賄おうかという難しい悩みが、常に頭の中、脳みその一定部分を占めた状態になっていたはずで、今ごろはもっとやつれた感じになっていたかと思うんですよ。髪の毛も真っ白になっていたかもしれないし、心身のストレスでかなり消耗していたと思うんです。でも、そうならずに済んだのは、やはり皆さんのご支援、有形無形のご支援をいただいたおかげです。

一緒に被告席に立っているつもりになれた

内田　それは、敢えて言えば竹田氏の「功績」ですよ（笑）。彼が僕を訴えると言わなかったら、「山崎さん大変だね」と、裁判費用の支援くらいのことはもちろんしたと思うんですけれど、「共に戦いましょう」っていうところまでは踏み込まなかったかも知れない。山崎さんと一蓮托生で行こうと腹を決めたのは「山崎の次はお前を訴える」って言われたからですよ。

だから本当に余計なことを彼は言ったと思うんです。たぶん「訴えるぞ」と言うと、世の中の人間はたいてい腰砕けになると信じていてそうしたのでしょうけれども、世の中には、「そういうこと」を言われると逆によけいに戦闘的になる人間もいるわけです。

ですから、僕はこの裁判では精神的には山崎さんと一緒に被告席に立っているつもりでいました。だって「次は内田を訴える」って言われているわけですからね。まず山崎さんに戦ってもらって、次に僕が訴えられたら、僕が戦う。そういう覚悟でした。スラップ訴訟は「訴えられた人間を社会的に孤立させる」ことが目的なわけですけれど、彼はよけいなことを言ったせいで山崎さんを孤立させる代わりに、味方を増やしてしまった。

それから、裁判費用の寄付集めに賛同する呼びかけ人という形で八一人の人がすぐ声を挙げてくださったこともうれしかったです。あの人たちも僕たちに連帯責任を負うという意思表示をしてくれたわけです。竹田氏の側にも当然それなりの数のシンパがいます。ですから、この裁判がどう転ぶにしても、場合によっては僕と一緒に呼びかけ人に名前を連ねて下さった方たちだって、竹田氏とその周辺から激しい言論上の攻撃を受ける可能性もあったわけです。そのリスクを取るという判断を皆さんがしてくださった。

今回の裁判での完全勝訴は「リスクをとることは別にそれほど怖いことでもないし、損害をこうむることでもない」ということを教えてくれたと思います。むしろ、「あえてリスクを取ることによって、局面が大きく良い方に展開することもある」という経験則を確認させてくれた。あえてリスクを取って、旗幟を鮮明にして、「味方になってくれる人、一緒に戦ってくれる人はいますか」と呼びかけた方が、必死になってリスクを回避しようとするよりも、よい結果をもたらすことがある。そういうことも、この裁判のひとつの政治的成果と言えるんじゃないでしょうか。

確かに、裁判は時間も取られたし、お金もかかりましたが、こうやって裁判闘争の経緯を明らかにして、これを多くの市民と共有できるのなら、この裁判を経験したことは僕たちにとっては決して悪いことではなかったと思います。もちろんスラップ訴訟を仕掛けられたことはたいへん迷惑なことでしたけれども、それを奇貨として新しい政治的なアクションを行う機会を得られたし、筋目を通した戦いをすれば勝てるという前例を示すことができた。これから先も、スラップ訴訟を仕掛ける社会的強者たちはいなくならないでしょうし、その被害者になる市民もいると思いますけれど、僕たちの経験が彼らにとって励みや道しるべになることがあればいいなと思います。

リスクを承知で抵抗することが成果に繋がることもある

山崎　僕もいまおっしゃったリスクの話と同じような考えをずっと持っていました。戦史を研究していると、リスクというのは、コントロールするものであって、どうしても必要であれば、取りに行かないといけないものだと思わされる事例がたくさんあります。それを敢えて取りに行くことによって得られる成果は確実にある。

中国には「虎穴に入らずんば虎児を得ず」ということわざがありますが、むやみやたらと猪突猛進すべきではないにしても、それが必要な状況であれば、リスクを取ることにも大きな意味があるという教えです。これは、過去の歴史によって裏付けられています。でも、日本の社会ではそこが、昔も今も、あまり理解されていないと思うんですよ。

これに対応する日本のことわざは何だろうと考えると、例えば「触らぬ神に祟りなし」とか、「藪をつついて蛇を出す」とか、そういう逃げの話なんですよね。リスクっていうのは、とにかく逃げるもの、避けるもの、という風な発想が根強くあるようです。

けれども、そうやって衝突や摩擦のリスクから逃げて逃げて、と臆病な態度をみんながとり続けてきた結果が、今の日本社会だと思うんです。金や力を持つ強い者がどんどん強くなって弱い者を脅し、弱い者はおとなしく従うしかないと諦める。つまり物事が是非ではなく、力関係だけで決まっていくような社会になっています。

その力とは、お金だったり政治力だったり、組織の中での上下関係だったりするんですが、それは物事の是非の判断においては、本質的なことじゃないはずなんですよね。そんな局面で、敢えてリスクを承知で抵抗することによって、後々それが結果的に大きな成果に繋がる、ということは過去にも多々あったわけです。

例えば、第二次大戦中のレジスタンス（侵略者に対する闘争）で抵抗した人間だって、自分たちが最後に勝つという「保証」は何もない状態で、自分たちよりも強い力を持つ相手と、信念を持って戦っていたわけですからね。だから、リスクの意味を自分で考えて、自分や社会にとって必要なリスクだと確信できたなら、敢えてそれを取らなきゃいけない。

今回の裁判に関して言えば、最初からそこまで深く考えていたわけではもちろんないんですが、始まりの段階で「ここで訴訟の脅しに屈したら、それはおそらく社会に悪影響を及ぼすだろう」という風には思ったんですよね。だからまあ、やせ我慢でも何でもいいから、とにかくこう、脅しには屈しないという姿勢をとったんです。

そもそも僕自身も、普段そういうことをＳＮＳでメディアの人などに向けて書いてるんですよ。「もっと権力と戦え」とか「脅されても逃げるな」とか。そんな偉そうなこと言っている人間が、ちょっと「裁判やるぞ」と脅されたからといって、ヘコヘコと頭を下げて「申し訳ありませんでした」とか、そんなのかっこ悪くて言えないですよ。

だからもう最初から、こちら側の行動には何も問題はないはずだとの確信に基づいて、訴訟の脅しは突っぱねると決めて、最後まで突っぱね通すということでやってきました。

おそらく竹田氏は、途中でこちらが屈服するという見通しで脅しをかけてきたんだろうと思います。しかし僕が屈服しないので引っ込みがつかなくなり、成り行きで裁判を始めたという面も、あったのかもしれません。トータルで今から振り返ると、彼が最初から覚悟を持って本気で裁判やろうと考えていたのか、疑問に思います。

竹田氏は言論の場では戦えなかった

内田　「山崎雅弘さんの裁判を支援する会」のホームページにも書きましたけど、これはもともと言論上の問題なわけですよね。山崎さんは竹田恒泰氏について、あなたの語ってきた言葉は倫理的に適切なものではないと根拠を挙げて批判した。そして、ある地方の教育委員会が主催する中高生向けの講演という公的な場に竹田氏を登壇させて子どもたちに語らせることは不適切であるという意見を述べた。竹田氏の言論の質についての批判を言論を通じて行った。だとすれば、それに対する反論は、本来なら言論のプラットフォームで「論争」として展開されるべきだったと思うんです。山崎さんの言い分が不当である、事実に違背していると思うなら、言論を以て証明すれば足りる。十分な論拠を示して、山崎さんの議論の瑕疵を証明できれば、言論の場ではどちらに理があり、どちらに非があるかは、明らかにできます。でも、彼は言論人でありながら、言論の場で山崎さんに反論する手間をかけず、いきなり訴訟という手段に訴えた。これは言論人としてはとるべき態度ではなかったと僕は思います。

ことの理非を決する場は法廷に移ったわけですけれども、それでも引き続き言論の場で戦い続けることはできました。僕らは法廷闘争を全力で戦うのと並行して、山崎さんの裁判を支援する会のサイトを使って法廷闘争についての情報を発信してきました。声明文をサイトで発表し、裁判所に提出した準備書面や陳述書も公開しました。僕らは言論を通じて「この裁判の意味はこれこれこういうものです。どちらに理があるか市民の皆さんも判断してください」と必死に訴えてきた。でも、竹田氏はそれをしなかった。ご自身のシンパ向けの動画などでは時々裁判について言及していたようですけれども、第三者的で中立的な立場にある市民に向かって、「自分の側に理がある」所以を冷静に、論理的に、説いたという形跡はありません。

でも、論争というのは本来は「事情をよく知らないので、どちらに理があるのか分からない」という聴衆に向かって語りかけるものだと思うんです。何が起きたのか、その文脈を説明し、いずれに理があるかを情理を尽くして説く努力のことだと思うんです。そうやって自分の味方を一人ずつ増やしてゆくのが言論の場での戦い方だと思う。その努力が真率なものであれば、場合によっては何万人、何十万人という支持者を得ることができる。でも、竹田氏にはその努力を怠った。

竹田氏は自分が差別主義者でないことの証拠を出せなかった

内田　裁判自体は基本的に密室でのできごとですから、裁判闘争については外の人には何が起きているのかわかりません。言論の場で「いま法廷ではこういうことが起きています」という情報発信をしない限り、裁判の中味については、市民は知ることができません。もし、竹田氏がこの裁判に社会的な意義があると思って訴訟を起こしたのであれば、裁判の過程についても詳細な報告を行ったはずなんです。それをしないと、裁判の社会的意義は明らかにできませんから。でも、竹田氏は裁判についての経過報告をほとんどしなかった。どうして、「何もしなかった」のか。それが不思議です。どうして彼は言論の場で、自分の正しさを証明する努力を怠ったのか。

それは「言論の場で戦ったら負ける」ということに彼が気が付いていたからなのでは

ないかと僕は思います。というのは、山崎さんの論評が不適切なものであるということを言論の場で証明することは少しも難しいことではないからです。裁判だと理非の判定に場合によっては何年もかかりますが、言論の場なら一瞬で証明できる。山崎さんの竹田氏への論評が不適切だと立証するためには「竹田さんは差別主義者ではない」と証言する人を一人連れ来れば済むんですから。「竹田氏はレイシストではない。むしろレイシストたちの卑劣で暴力的な差別からわれわれの権利と尊厳を守ってくれた恩人である」と証言してくれる人を隣国から一人連れてくれば済む。「彼は自民族優越主義者ではない。彼はきわめて公正にわれわれについて論評を下している。われわれは彼の言論に全幅の同意を示す」と証言してくれる人を中国か韓国から連れて来れば、「差別主義者だ」という論評に対する反論としては十分に説得力がある。「差別主義者だ」という論評が名誉毀損に当たるというのであれば、「私は差別主義者ではない」という事実を示すのがことの筋目なんです。「私は差別主義者ではない」といくら言葉で言っても、それだけでは論証にはなりません。現に、「差別主義的な

言動」をしながら、「誤解だ」とか「真意はそこにはない」とか「一部だけを切り取っている」とかいう言い逃れをするレイシストは山のようにいますから。

ですから、山崎さんの論評が不適切であることを証明する一番有効で、確実な方法は竹田氏が「これまで差別されてきた人たちの味方をして、彼らのために戦ってきた」という事実を示すことだったんです。これを提示されたら、われわれは「ぐうの音」も出ません。在日コリアンでも、在日中国人でも、他のどんな被差別集団の人でも構わない、竹田氏がこれまで「差別主義と戦ってきた事実」を証言してくれる人がいれば、それは山崎さんの論評が不適切であることのきわめて説得力のある根拠になった。

でも、竹田氏は山崎さんの誤謬を証明するために最も効果的かつ簡単なその「証人の召喚」をしなかった。裁判所に出した書面でも、一番基本的な「私は差別主義者ではない」ことの証明は一度も試みていません。なぜそれをしなかったのか。できなかったからです。だからこそ言論の場を避けて、いきなり訴訟という手段に出たのだと思います。

たぶん裁判に持ち込めば、竹田氏が差別主義者であるという山崎さんの論評が適切であるかどうかについての判定は一次的な論点ではなくなり、それよりも山崎さんの論評で竹田氏が何らかの被害を受けたかどうかという被害事実の認定が主要な論点になると思っていたのでしょう。それなら、講演会が中止になったという被害事実について山崎さんに責任を帰することは法理的には十分可能です。「言論の場では勝ち目がないが、裁判なら勝ち目がある」と思ったこの判断が最初の「ボタンのかけ違い」だったと僕は思います。

裁判に持ち込めば、言論での戦いは回避できる。たぶん彼はそう思ったのでしょう。スラップ訴訟の方が話が早い。山崎さんのような組織的支えのない独立の言論人は司法を道具に使って「叩き潰す」とか「黙らせる」対象に過ぎなくて、「堂々と反論する」ような手間をかけるには及ばない、と。でも、これが致命的な作戦ミスだった。言論人でありながら、言論の場を避け、言論の力を侮ったんですから。言論の場で、彼のために立ち上がって「山崎雅弘を駁す」というタイプの発言をする人が出てこなかった。それでは、言論の場では生き残れません。言論の場では生き残るべき言葉が生き残り、淘汰されるべき言葉は消えるという「言論の場の判定力に対する信認」を持たない人間は最終的には言論の場から見捨てられる。そういうことです。

寄付金の増大を前に「自分の裁判費用くらい自分で賄え」と竹田氏

山崎　僕もそう思います。裁判を始めた当初から、「竹田氏は第三者の一般市民を味方につける戦略も何もなしに裁判を始めたのではないか」という疑念を裏付ける材料がいくつか見つかり、裁判の審理が進むにつれて、次第にその思いを強めていったんです。

まず、訴訟の脅しをかけられた段階で佃さんに相談して、今後の対処を考えていた時に、佃さんは「彼は、テレビに出ていて知名度が高いので、裁判を起こす際には記者会見をやって自分の正しさを主張する可能性が高い」という予想を立てられました。

その場合、竹田氏を取材したメディアの記者がこちら側にもコメントを求めてくる可能性があるので、あらかじめそれを用意しておきましょうということになり、対抗の言説として発表するコメントの内容を考えました。

それで、最初は法律的な言葉を使った文案も考えたんですけど、裁判に関してまったく素人の僕が、そういう法律用語を生半可に使うよりは、一般市民の声のような形のメッセージの方がいいでしょうということで、非常にシンプルなコメントに落ち着きました。

それで相手側の出方をうかがっていたら、結局竹田氏は、僕を提訴したけれども記者会見はやらなかったんですね。その時にまず「あれ?」と思って。あ、もしかしたら彼は自分の主張内容に実は自信がないいんじゃないかと、その時に感じたんです。

その後、こちら側は裁判の途中でも、裁判所に提出した主な準備書面や陳述書をネットで公開しました。なぜそれができたかというと、自分の主張内容に自信があり、誰に見せても恥ずかしくない論理だと確信していたからです。「この裁判では、我々の主張が正しいんです、第三者の人もどんどん見てください、それで判断してください」と、こちら側は裁判所に対してだけでなく、第三者の一般市民に対してもそうアピールしました。

そうすればおのずと、こちら側の正しさが多くの市民に理解してもらえるという自信があったので、堂々とそれをできました。一方、竹田氏の側は、まったくそういうことをせずに、シンパ向けの会員制動画などで自分の正しさを主張していただけでした。でも、僕からすれば、それらは、内輪でのみ通用する理屈にしか思われませんでした。
例えば「韓国はこんなひどいことやっているんだから、ああいう（差別的な）言葉の表現をしたのは正しいのだ」みたいな、最初から韓国に悪印象を持つ仲間うちの論理でしか説明できていないようでした。
そして裁判の途中で、こちらの裁判支援の寄付金の額が一〇〇〇万円を超えたあたりから、彼はツイッターでも何も言わなくなって、まったく裁判の話題に触れなくなりました。その態度を見て、僕は「ああ、この裁判や脅しは、僕に経済的な負担を負わせることが第一の目的だったんだな」という風に思いました。

内田　馬脚を顕した、というところでしょうか。

山崎　そうなんですよ。で、彼は「自分の裁判費用くらい自分で賄え」と、僕の言論や裁判の中身とは何の関係もないことをツイッターで投稿して、それを見た時僕は、迂闊なことをする人だなと思いました。

内田　そうですね。迂闊ですね。

竹田氏の陳述書は詭弁ばかりだと感じた

山崎　裁判全体をトータルで今から振り返っても、竹田氏の側に戦略らしきものは見当たりませんでした。そうかと思えば、「ツイッターの投稿をした段階ではいろんな竹田氏の本を読んでいなかったはずだ」とか、枝葉のことを言い出したりして。

佃さんが準備書面できっちり反論してくださいましたけど、そこはこの裁判の本質じゃないんです。なのに、そういう枝葉のことを言うというのは、彼の方には十分な戦略があるわけではないのではないか、ということを思いました。

一審の時には、竹田氏が書いた陳述書は、ものすごいボリュームのものが大量に送られて来たんです。ふだん分厚い本や大量の書類を読み慣れていない人だったら、まずその量に圧倒されて、「こりゃ大変なことになった」とパニックになるかもしれないんですけど、僕はもともと、そういう膨大なテキストを読むこと、読んで意味を分析して、そこからエッセンスを抽出するのが仕事なので、トータルで厚さ六センチを超える陳述書の全ページを読み通すことは全然苦になりませんでした。

そして、見た目の威圧感に反し、陳述書の内容は論理的にスカスカだったんですよね。

僕には詭弁の羅列にしか思えませんでした。

もし彼が、こちらがぐうの音も出なくなるようなまっとうな主張をガチで展開してきたらどうしよう、という不安は、裁判が始まった直後は正直あったんです。でも始まってみると、そういうのは全然なかったですね。あれだけ大量の書面を送ってきたのに、内容は僕から見て、印象操作や詭弁ばかりで。そんなやり方を見て、すごく似ているなと思ったのは、日中戦争やアジア太平洋戦争を始めた時の大日本帝国のやり方です。

とにかくその場の勢いで、自分たちの面子を守るために、勝てる算段もろくにない戦争を始めちゃった。で、劣勢になっても、退き際を自分では見極められずに、行き着くところまで行って最後は完敗したという経過でした。

自分の考えをクールでリアルな視点でチェックすることが大事なのに

内田　言論人として活動してきたはずの竹田氏が、自分の始めた裁判闘争において、一般市民を対象とした言論活動をまったくしなかった。これは今度の裁判闘争が炙り出したとても重要な点だったと思います。
竹田氏の側だって、せっかく手間暇かけて膨大な陳述書や準備書面を作成したわけです。自分たちが構築した議論に十分な論理性と説得力があると信じていたら、それを一般向けにも公開して、「山崎の出したものと両方を見比べてください。僕の方に理があるでしょう?」と訴えてよかったはずです。「山崎の方の陳述にはこんな事実誤認や論理破綻があります」と指摘することだってできた。でも、それをしなかった。それは単に面倒だったということではないと思います。

自分の主張する言明を、いったん「かっこに入れて」、自分ではない人たちの間での議論だと想定して、それを突き合わせた時にどちらの側の言い分が論理的か、整合的か、常識的かを吟味するという思考習慣が彼にはなかった。自分の考えていることを、いったん自分から切り離して、客観的なものとしてそこに置いて、他の意見と比べてその当否を吟味するという思考の習慣が彼にはなかった。そう思わざるを得ない。

自分が考えていること、自分がしていることを、第三者的なクールでリアルな視点からチェックする、これってほんとうに大事なことなんです。何か情報を読み落としていないか、事実を見落としていないか、推論上のミスを犯していないか、それをチェックする。それをしないと、学術的な議論はできません。科学的仮説というのは、つねに反証事例と突き合わせることで書き換えられるものです。それによってより適用範囲の広い、より汎用性の高い仮説に書き換えられてゆく。だから、科学的知性にとっては、「他人に瑕疵を指摘されるより先に、自分の仮説の瑕疵を自分で見つけること」がきわめて重要になる。自分の言明は「穴だらけ」だということを前提にしてはじめて自分の言明を吟味できる。

彼が自分の陳述や準備書面を公開しなかったのは、人に見られて瑕疵を指摘されたくなかったからなのではないかという推論も成り立ち得ます。ほんとうに「正しいこと」を主張したい人は「この辺、論理的に破綻してますよ」とか「これ事実誤認じゃないですか」という指摘に対して原則的に開かれているはずなんです。

都合の悪いことは徹底的に無視するのが歴史修正主義者の特徴

山崎　それは僕も感じましたね。特に強く感じたのは、一審で僕が勝訴した後に、彼がYouTubeの自分の動画チャンネルでシンパ向けに裁判の結果報告をした時です。

控訴審で必要になるかもと思って、その動画を最初から最後まで全部観て、文言の書き起こしもやったんですけど、あの動画を観たときには本当に腹が立ちました。

腹が立った理由はいくつかあって、まず彼は自分が裁判に負けたことについて、「相手側が精神異常者だったら無罪になるものだ」という、裁判所が下した判決の本質とはまったく関係のない話に論点をすり替えていたことでした。

例えば、「人を殺しても犯人が精神異常者だったら無罪になりますよね？」「それと同じような理由で、今回の裁判で山崎は無罪になったんですよ」と、そういう論点のすり替えで自分のシンパ向けに、僕を侮辱するようなことを言っていたんです。

そして、その後に続けて彼が展開した、自分が裁判で負けたことに対する申し開きの内容は、手前勝手なものでした。

そこで彼は何て言ったかっていうと、裁判所は自分が出した陳述書や、自分側の弁護士が提出した準備書面などを「読んでいない」「読まずにあんな判決を下したんだ」と言うんですね。

でも判決文を普通に読めば、そんなのはあり得ないってわかるんですよ。

先ほども話に出ましたが、裁判の判決文を初めて読んだ時に意外だと思ったのは、最初に延々と、双方の主張内容を細かく述べていることでした。裁判官の判断内容を書く前に、まず原告はこういう主張をしている、それに対して被告はこういう主張をしていると。で、双方の主張を突き合わせた上で、これから順番に判断していきますっていう形式をとって、三番目にようやく裁判官の判断内容が出てくる。

つまり判決文にちゃんと目を通していれば、双方の提出した書面を裁判官は全部読んでいることが明らかなんです。けれども、彼は自分のファンというかシンパ向けに、「裁判官はどうも最初から判決を決めていて、こちらの出した書面は全然読んでいないみたいなんですよ〜」などと言う。それは結局、判決内容と正面から向き合う覚悟もなければ、判決の意味を正しく理解する誠実さもないということです。

挙げ句の果てに、彼は「裁判官にも当たりはずれがありますから」とか、「変な判決を下したら出世に響きますからねえ」とか、「控訴審ではもうちょっとプロフェッショナルな裁判官に当たるでしょう」みたいなことを言っていて、裁判官や裁判所を馬鹿にしたような態度をとっていたんですね。

自分の名誉が傷つけられたから、訴えて裁判所の判断を仰ぐという謙虚な姿勢ではなくて、あたかも自分の方が裁判官や裁判所よりも立場が上であるかのような、傲慢なことを言っていて。これは、歴史修正主義者が使う手と同じなんです。

事実を自分の都合のいいようにねじ曲げた上で、その捏造した主張を針小棒大に拡大し、都合の悪い事実は徹頭徹尾、無視する。後者の事実は頑なに認めず、論考の対象から外し、ひたすら自分に都合のいい部分の切り取りと歪曲だけでしか話をしない。

動画の中で、竹田氏はそういう歴史修正主義者と同じような手を使っていて、誠実に裁判に臨む態度ではないな、ということを感じました。その振る舞いは、知的な誠実さに欠けているように思われて、「こんな人の起こした裁判のために、自分は貴重な時間と労力を取られているのか」と思うと、非常に腹立たしい思いがしました。

そんな風に立腹した勢いで書いたのが、控訴審での陳述書四通でした。一審では、裁判の流れをまだ理解していなかったので、基本的に受け身の姿勢でしたが、控訴審に入った頃には、自分なりに裁判の「戦場のイメージ」が掴めてきたので、今度はこちらから先手を打って相手側に攻め込んでやろうと思い、それぞれ違う角度から四通書きました。

裁判に訴えた側が「私は司法を信用しない」では筋目が通らない

内田　そもそも司法に訴えるというのは、それ以外の手段では両者の言い分のどちらに理があるのかの判断がつかない、正否の判断がつかないという場合のはずなんです。自分たちが対面的に言い合っているだけでは決着がつかないから、「上位審級」として司法に頼る。だとすれば、少なくとも訴えを起こす側には「裁判官は判断を間違えない」という信認が前提にあるはずなんです。「裁判官は当たりはずれがあるから」というようなことを広言する人間が進んで裁判を起こすというのは、それ自体論理矛盾です。
繰り返しますけれど、訴訟する以前に、言論レベルで山崎さんを完膚なきまでに論破することだって、彼の方に理があったならできたはずなんです。でも、彼はその手間を惜しんで、いきなり訴訟を起こした。ということは、自分で挙証するよりも、裁判官に委ねた方が、竹田山崎のいずれに理があるかについて適切な判断が下されると期待したということですよね。自分で論駁するより、司法の判断の方が適切であるという期待があるから訴訟したのに、「私は司法を信用していない」というのはいくら何でもことの筋目が通らない。自分で訴訟を起こしておき、それも控訴審、上告審まで粘っておきながら、司法制度を信用していないというのは、言っていることとやっていることが矛盾している。訴えられた山崎さんが負けて、「日本の司法判断に納得がゆかない」と文句を言うのならわからないでもないんです。でも、自分から裁判に訴えた人間が「もともと司法判断なんかたいして信じてはない」って、おかしい。

山崎　裁判官が下した判決を「承服できない」っていうのは、裁判で負けた側は常に感じることなのかもしれません。けれども、それだったらそれで、この判決文のここが論理的におかしいとか、きちんと理路整然と主張するのであれば、この人は最低限のルールは守っているなという風には感じるんですけど、彼はそれをやっていない。

スラップ訴訟っていう言葉を、僕は裁判の途中ではなるべく使わないようにはしていたんです。訴訟の権利は一応、憲法で保障されていますし。でも、あの動画を観たときは、彼は嫌がらせ目的で裁判をやってるのではないか、という感覚が浮かび上がってきました。

裁判という手段に訴えるのであれば、最後の最後まで論理で戦う、あるいは物事を筋道立てて、自分のシンパ以外にもちゃんと通用するような普遍的な論理で説得するっていう、知的に誠実な姿勢が最低限必要なはずです。なのに、そういうことをするどころか、あたかも裁判官ですら自分より立場が下であるかのような態度で、しかも半笑いというか、笑い話のようにしてそういう話をしているんですね。

その態度から、彼にとっては敗訴は痛くも痒くもないのではないかという感じがしました。

スラップ訴訟の根本にあるのは司法を道具とみなす司法蔑視

内田 それでもこの竹田氏敗訴の意義は大きいと思うんです。これから後も、スラップ訴訟は完全には止められないと思うんですけれども、それでもスラップ訴訟の典型が今回の裁判で示されたわけですから。

自分で訴え出ておきながら、「司法判断は信頼できない」と言うということは、彼らが司法を自己利益のために運用できるただの「道具」だと見なしていたということです。それが「道具」としてうまく働かなかったので、司法を侮る発言をする。その司法=道具観が、いま山崎さんが指摘されたような、裁判官に対する敬意を欠いた発言にはしなくも露呈してしまっている。

この裁判の経緯は、裁判官も含めて司法関係者たちはかなり強い関心をもって見ていたと思うんです。そして、竹田氏の裁判に対する姿勢から、「スラップ訴訟をする人間たちは司法を侮っている」という印象を受け取ったと思う。何かあると「訴えるぞ」という人間たちが、司法を侮り、司法を軽んじている。そのことが司法関係者には改めて周知されたと思うんです。あるいは、あくまでも僕の想像ですが、そういったスラップ訴訟をする人に対する強い猜疑心と嫌悪感を扶植したかもしれない。だとしたら、この裁判とその判例はこれから先スラップ訴訟という司法制度の悪用を抑制するハードルとして機能するかも知れない。そんな気がするんです。

「これからスラップ訴訟を仕掛けてやろう。裁判に要する経済的負担であいつを潰してやろう」って誰かが言い出した時に、「ちょっと待て、前に『竹田vs山崎裁判』があったけど、あの時、竹田が司法を侮るような発言をしたせいで、これからはこの手の裁判では原告側に厳しい判決が出る可能性が高いぞ」と考えるかもしれない。そうなってくれると社会的にはまことに有意義な裁判だったということになります。

スラップ訴訟の根本にあるのが司法を道具とみなす司法蔑視だということを、今度の裁判は広く可視化した。もしかすると、これから先に起こりうるさまざまな恫喝的裁判ではスラップ訴訟した側が次々と敗訴してゆくかも知れない。そういう予測が立てば、スラップ訴訟そのものが未然に防がれるかも知れない。そういう社会的な素地を作ることができたのだとしたら、これは逆の意味で竹田恒泰氏の「功績」と言っていいんじゃないかって気がします。

公的組織が竹田氏を講演に呼ぶことは困難になった

山崎 そういう効果は、おそらくあると思いますよ。

こちら側は、裁判官を馬鹿にしたり、詭弁を弄したりする竹田氏の言動を陳述書の中で指摘し、その内容を「支援する会」のサイトで公開していますから、それが法曹界のいろんな人の目に触れることはありうると思います。

こんな風に、陳述書や準備書面をサイトで公開している理由の一つは、「スラップ訴訟を起こすと、こういう形で被告側から反撃を喰らうことも覚悟しておけよ」という、心理的な威圧効果を生じさせたいということなんです。スラップ訴訟を仕掛けられた側も「一方的にやられっぱなしじゃないよ」と。「迂闊にやれば、いろんな情報を一般向けに公開されて、やった方も無傷では済まないから覚悟しろよ」と。

内田 竹田氏はこの裁判では失ったものの方が得たものよりはるかに多かったと思います。最高裁まで行った裁判で判決は山崎さんが竹田氏を「差別主義者」として論評したことを政治的言論の自由の範囲内のものと認定しました。この論評に違法性がないことが裁判所で認定されたのですから、今後、公的組織が彼を講演に招くことはかなり困難になったと思います。今でもいくつかの組織が彼を教壇や演壇に上げているという話を聞きますけれど、これはそれらの組織が自ら進んで、確信犯的に「われわれの組織は人権侵害や差別主義に対して宥和的である」と宣言しているに等しい。そこまでの覚悟がある団体だけがあえて彼を招くことになる。竹田氏はこの裁判を自分から始めたことによって、結果的には自分の手で発言機会を減らし、自分の発言の信頼性を傷つけてしまった。

山崎　問題は、スラップ訴訟を起こす人たちに、歴史の失敗から学ぶという反省的な思考習慣があるか、ということです。幸い、竹田氏に関しては、強気の態度で訴訟の脅しを誰かにかけるようなことは、もうやらなくなったようには見えます。

内田　「訴えるぞ」と脅せば、おおかたの人は降参するのでそもそも裁判にさえならない。そういう見通しがあったから、山崎さんや僕に対してああいう態度を取って来たのだと思いますが、相手によってはそれが効かないということをこの裁判は示した。これは市民社会にとってはとてもよいことだったと思います。

●差別する側が負ける常識的な判決が次々と下されている意味

山崎　最近は、僕の裁判以外でも、レイシズムや差別、人権侵害に関連する裁判で、差別する側や歴史修正主義者側が負けている事例が増えているようです。映画「主戦場」のミキ・デザキさんの裁判もそうですし、伊藤詩織さんの杉田水脈議員を相手とした裁判もそうですし、みんな相手側が負けてるんです。

この傾向は、今回の僕の裁判で出た判決は例外ではなくて、人権侵害の差別や歴史修正主義のようなものを社会が認めては駄目だろうと思っている裁判官が、おそらく法曹界全体の中で多数派だからではないかと思うんですよ。

そういう常識的な裁判官の判決が次々と下されているのは、それはそれでいいことだとは思います。けれども、その一方で、本質的なレイシズムに対する法的規制っていうのが、日本ではまだ全然整備されていないんですよね。

今回の裁判で残せた意義の一つとして、何らかの形で社会に広めたいなと思ったのは、特定の国民や民族集団を対象とする差別の扇動が、判決の中で論点として取り上げられたことでした。

例えば、在日コリアンの個人がひどいヘイトスピーチを受けて、それが名誉毀損や人権侵害だということで、個人が裁判を起こして主張を認められて勝訴という例は過去にいくつもあるんですが、「韓国人がどうした」とか「在日コリアンはこうだ」と、そういう集団に対する差別意識の煽動を禁じる法律が、日本では事実上ないんですね。

●他民族など集団に対する差別を扇動する言葉は認めない判決だった

山崎　ヘイトスピーチのような極端な暴言は、条例などで禁じている地域はありますけど、実際には法的な罰則みたいなものは事実上ない。ほんとに野放しになっていて。そんな言説を批判された時に、レイシストがよく言うのは、「これは別に個人への差別じゃなくて、あの国への批判なんだ」という言い逃れ。「そういう詭弁は通用しない」という事例を、今回の判決では不完全ながら社会に残せたのではないかと思うんです。

一審の判決文では、竹田氏の著作を挙げた上で「これらの書籍からは、自国を優越的に捉えた上で、他国民・他民族を劣位に置き、『笑い』の対象とする意識が看取されるものというほかない」という形で、特定個人以外の「他国民・他民族を劣位に置き」差別する言説についても、社会的に許容されないとの判断を下していました。

そして裁判所は、竹田氏に対して「人権侵害常習犯の差別主義者」という強い表現を用いて僕が批判的なツイートを投稿したことについても、「意見ないし論評の域を逸脱するものであるとまでは認められない」（一審判決）、「ツイートとして相当と認められる範囲に留まる」（控訴審判決）という判断を下しました。

これ、はっきり言って「竹田氏はその言葉に該当する人間だ」って裁判所が認めているのと同様なのではないかと僕は解釈しています。もちろん、そういうストレートな書き方は判決文でもできないので、ちょっと回りくどい言い方にはなっていますけど、実質的に竹田氏は過去にこんなひどい言動を繰り返してきたのだから、「人権侵害常習犯の差別主義者」って言われてもしょうがないでしょ、と。裁判官はそういう判決文を書いたのだと僕は思っています。

特定の個人が対象でなくても、「韓国人がどうした」とか、集団に対する差別意識や偏見、憎悪を煽動する言葉は、やっぱり「社会が認めちゃいけないことだよ」っていう当たり前の価値判断が、判決文の中ではっきりと書かれたという事実は、今までの個人レベルの名誉毀損の裁判とはちょっと意味が違うと思うんですよ。

内田　そうですね。

山崎　今までは、差別主義者から「在日コリアンはみんな何々だ」とかネガティブなことを言われても、在日コリアンの人は実質的に裁判起こせなかったんです。

内田　被害事実が立証できませんからね。

山崎　そう。だから、竹田氏が今回裁判を起こしたことによって、そこをこちらは逆手に取ってというか、うまく利用して裁判の論点にできたので、それに関する司法の判断が判決文に記載された事実は、他の裁判にはなかったのではないかという気がします。

今回の戦記本と対談ブックレットの出版を通じて、多くの人に「最近、こういう内容の裁判があったんですよ」とか「こういう貴重な判決を裁判所の裁判官は下したんですよ」という事実を知ってもらうことができれば、判決の意義も深まると思います。

佃弁護士が立てた戦略を信じて戦えたことの大切さ

内田　弁護士の佃さんと一緒に裁判を戦ってみて、どうでしたか?

山崎　本格的に裁判の準備をする段階に入り、代理人の弁護士をどなたにお願いするかという問題をまず内田さんにご相談して、東京のご友人の方から佃さんをご紹介いただき、僕はすぐに上京して事務所にうかがい、佃さんといろいろお話しました。

凄腕のベテラン弁護士で、名誉毀損裁判の第一人者であり、名誉毀損裁判に関するご著書も書かれている方ということで、ちょっと緊張して事務所に入ったんですけど、フランクというか、変に形式ばらずにやりとりができる方でした。何かこう、堅苦しいエリート的な感じはまったくなくて、こちらの素人的な疑問にも率直に、非常にわかりやすく丁寧に説明してくださるので、とても安心できました。

今回の裁判においては、当然のことながら、戦略はすべて佃さんが立案されて、最初から最後まで、佃さんの方針に沿った形で裁判を進めました。佃さんは訴訟が始まる前の段階から、最高裁まで戦いが続くことを見越して戦略を練っておられました。

佃さんは、最初の打ち合わせの段階で「おそらく竹田氏は、一審二審で負けても、面子にこだわって最高裁まで行くでしょう」と見抜いておられました。そして、裁判が始まると、先方の出方も含め、あらかじめ佃さんが予想された通りの展開になったので、僕も安心して、裁判に関するあらゆることを佃さんに相談し、自分がなすべきことを指示していただき、佃さんが「これはやめましょう」と言われたことはしないようにしていました。

裁判が続いている段階で、僕がツイッターで裁判関連の内容を投稿した時も、事前にテキストと添付画像をメールでお送りして「この内容で問題ありませんか」と確認していただきました。佃さんの返信が「ここをちょっと修正してください」という場合はそのように手を入れて投稿し、「これは問題ありません」という時はそのまま投稿しました。

こんな風に、今回の裁判でのこちら側は、指揮系統が完全に一本化された状態で、佃さんが指令塔のような形で戦いました。僕は、それぞれの局面で何をすればいいのかということを随時、佃さんに教えていただいて、自分の果たすべき役割を果たしました。

僕は文筆業なので、陳述書を書くことは全然苦になりませんでした。調査や資料集め、竹田氏の動画での発言を書き起こす作業も、大変ではありましたが、どういう情報や材料が裁判で必要になるのか、あるいは、どういうものが裁判官の判断で重要なポイントになるのかということについて、今回の裁判を通じて非常に勉強になりました。

裁判の経験がゼロでも不安を抱くことがなかった

山崎　最初の打ち合わせの最後に事務所を出ようとする時、僕が抱いた感想を、正直に佃さんにお伝えしました。

僕は裁判に関してはまったくの素人で、一応文筆家としての経験はそこそこありますけれども、僕が重要かなと思ったことが裁判ではそれほど重要ではないとか、逆に僕が特に関心を寄せていなかったところが実は裁判では重要なんです、というような話を、打ち合わせで佃さんに教えていただいたところでした。

その時に僕は、裁判という僕にとって未知の戦場では、良策と悪手の判断基準あるいはルールが自分のイメージしているものとは違うことも多いのだと理解し、裁判では佃さんの「指揮に従う」のが最善だと確信しました。

これ以降、僕はまったく迷いを抱かずに佃さんの方針や指示に従う形で最後まで戦い、一審でも控訴審でも最高裁でも全面勝訴という結果を勝ち取ることができました。すべての戦いにおいて、非常にいい結果を残せたということで、このやり方は正しかったなという風に思っています。

内田さんのご支援と、佃さんの豊富な経験に裏付けられた明確な方針、確固たる戦略、その戦略に沿う作戦と戦術のおかげで、裁判の経験がゼロだった僕でも不安や迷いを抱かずに安心して戦えました。その意味で、佃さんの存在はとても大きなものでした。

内田　ほんとによい弁護士を紹介していただきましたね。僕らに何かを指示される時は非常に明確に話されるんだけども、記者会見では無駄なことは一言も口にされないんですよね。事務所で僕らとしゃべっている時は、とても気さくに世間話やユーモアも交えて、全体像がわかるように話してくださる一方、記者会見ではとてもクールに要点を絞った話をされる。攻める時は攻めるけれど、ガードは堅い。あの辺が「プロだな」と思いました。よい弁護士に出会えたことが、最高の結果につながりました。他の弁護士にお願いしても勝訴したかもしれませんが、裁判に関する山崎さんのストレスは全然違ったんじゃないかな、という気がします。

山崎　はい、本当にそうです。この人の言う通りにすれば必ず勝てるという安心感のようなものが常に感じられ、裁判や法律に関して知らないことを教えていただく作業も、僕にはすごく貴重で、いい経験だったんですよ。

内田さんと三人で会食したことが、三回くらいありましたが、佃さんは職務については厳しい方だと思うんですけど、常にお話が簡潔かつクリアで、それでいて冷たい感じは全然なく、指示の内容や方針に何らかの不満を抱いたことは一度もありませんでした。

ちょっとした疑問でも、お伝えすると、明確な答えが返ってくる。戦記本の最終章でも書きましたが、最高裁の上告には二種類があって…という話も、とてもシンプルにわかりやすく教えてくださいました。裁判中に僕が関連情報を発信する際も、むやみに竹田氏を挑発するようなことはやめましょうとか、適切な指示を出してくださいました。

本当に運が良かったというか、いいご縁をいただいたなという気がしますね。なので、

裁判がもう終わったのもちょっと寂しい気もしないでもないですけれども。

内田　佃さんともう会えなくなったから。

山崎　そうなんですよ。

寄付金に示されたのは差別社会を許さないという市民の強い意思

内田　あと、市民からいただいた裁判費用のご支援ですが、最終的には延べ一四二四人から、総額一二〇七万七六八六円のご寄付をいただきました。最高額がお一人二〇万円、少額の方は五〇〇円でした。でも、金額よりも、みなさんが手間を惜しまずに銀行まで足を運んで、自分たちで出せる範囲でご寄付を送金してくださった、その気持ちをありがたく思います。

中には、毎月三〇〇〇円を送ってくださる方もおられます。「ササキさん」というお名前もわかっているんですけれども、裁判の終了を直接伝えようにも、連絡先がわからないんです。ツイッターで「もう裁判は終わりましたので、ご寄付はお止めくださって結構です」と何度か書いているんですが今も毎月きちんと振り込まれています。

山崎　はい、このご支援をいただいたからこそ、この裁判では最後まで勝ち続けなきゃいけない、支援してくださった方々のお気持ちを裏切れないという気持ちを強く持ち続けることができました。

今回の戦記本にしても、こちら側が「裁判に勝ててよかったね」で話が終わるんじゃなくて、何かしらさらにこの経験と判決の内容を、木々の枝葉がさらに伸びるようにして社会に展開していけたらなと、そんな風に考えているところです。

単行本として世に出すということは、多くの方々が思いを託して我々を支援して下さったというひとつの「価値観」のようなものを、形として社会に残すことにもなると思うんです。物体としての本は、五〇年経っても、あるいは保存のコンディションが良ければ一〇〇年が経過しても残りますし、いま形のある本にして出しておけば、後の時代の人にも読んでもらえるかもしれない、という風にも思います。

いろんな人のご厚意で寄せられた寄付金は、竹田氏の差別発言のようなものを社会が許しちゃいけないという、強い願いのような意志も込められたお金だと思っています。なので、せっかくこういう形で大規模に集まった以上、それを有意義に活かすために、いろんな形で社会に痕跡を残し、その意義がさらに広がるようにしていきたいです。

内田　今回の裁判費用を差し引いても、かなり多くのお金が残高として残ってしまいましたので、これは山崎さんと話し合って、今後、スラップ訴訟の被害に遭われた市民の方への支援に充てることにしました。すでにＳＮＳでお伝えしてありますけれども、伊藤詩織さんと、有田芳生さんと、水道橋博士の裁判について、「山崎雅弘さんの裁判を支援する会」から支援をしております。

山崎　あと、一定の金額が予備費のような形で残っていれば、それが「スラップ訴訟への対抗資金」となって、新たなスラップ訴訟を思いとどまらせる抑止力になるかも、という気もしています。例えば、竹田氏が訴訟を予告した内田さんや望月衣塑子さんに対する新たな裁判を起こしていないのも、この巨額の支援金が影響している可能性はあると思います。もちろん、安易に眠らせずに有意義に活用するのが第一ですが。

内田　最後になりましたが、「山崎雅弘さんの裁判を支援する会」を支えてくださったすべての方に感謝申し上げます。とりわけ、支援する会の立ち上げに際して、まっさきに共同呼びかけ人に名乗りを上げてくださった八一人のみなさんの氏名をここに書き記して、改めて僕たちから感謝の気持ちを表したいと思います。肩書はその時にお書き頂いたままになっています。リストの中には鬼籍に入られた方もいるからです。泉下の小田嶋さんにも僕たちからの感謝の思いが届きますように。

青木真兵
人文系私設図書館ルチャ・リブロ

青木海青子
人文系私設図書館ルチャ・リブロ

青山ゆみこ
編集・ライター

阿部安治
mal同人

安藤聡
編集者

池田伸
立命館大学教員

石川康宏
神戸女学院大学教授

井上陽
相愛大学准教授

伊地知紀子
大阪市立大学教授

伊藤公雄
京都大学・大阪大学名誉教授

井上英作
会社員

井上清恵
合気道家

梅屋潔
神戸大学教授

岡本篤
株式会社ムサシ代表取締役

小田嶋隆
コラムニスト

勝村誠
立命館大学教員

門脇健
大谷大学教授

金井啓子
近畿大学教授

上脇博之
神戸学院大学教授

川端幹人
ジャーナリスト

神吉直人
追手門学院大学准教授

神戸秀彦
関西学院大学教授

北川知子
大阪教育大学非常勤講師

木下由紀子
神戸女子大名誉教授

木村結
市民活動家

江弘毅
編集者

光嶋裕介
建築家
光嶋裕介建築設計事務所
神戸大学客員准教授

後藤正文
ミュージシャン

小林哲郎
神戸女学院大学教授

佐々木祐
神戸大学准教授

佐々木芳郎
写真家

佐々木亮
会社経営

佐野通夫
東京純心大学客員教授

下地早智子
神戸市外国語大学教授

白井聡
京都精華大学准教授

白岩英樹
比較文学者

釈徹宗
宗教学者・如来寺住職・
相愛大学学長

新ヶ江章友
大阪市立大学准教授

想田和弘
映画作家

高島千代
関西学院大学教員

田島朋子
大阪府立大学准教授

田原範子
四天王寺大学教員

鄭雅英
立命館大学教員

冨田智嗣
専業主夫

寺口瑞生
千里金蘭大学教員

戸谷智之
農業従事者

永江朗
フリーライター、
日本文芸家協会理事

中島淳
編集者

長嶋和代
非常勤講師

永田浩三
武蔵大学教授　ジャーナリスト

西岡研介
ノンフィクションライター

西垣順子
大阪市立大学准教授

野村俊介
茶園経営

日高明
哲学研究者・ケアマネジャー

平尾剛
神戸親和女子大学教授

平川克美
隣町珈琲店主

平田オリザ
劇作家

平松邦夫
公共政策ラボ・元大阪市長

福井栄二郎
島根大学教員

福田純子
フリルール

藤巻和宏
近畿大学教授

細川孝
龍谷大学教員

堀雅晴
立命館大学教授

堀埜浩二
プロデューサー、ミュージシャン

松島栄樹
会社員、写真家

増田聡
大阪市立大学教授

松田素二
京都大学教授

松本創
ノンフィクションライター

三砂ちづる
津田塾大学教授

三島邦弘
ミシマ社

三杉圭子
神戸女学院大学教授

南川哲寛
病理医

望月衣塑子
新聞記者

八島秀二
自営業

安田登
能楽師

山本勇
文章家、音楽愛好家

吉川宏志
歌人

吉富有治
ジャーナリスト

渡邊格
タルマーリー

渡邉麻里子
タルマーリー

渡辺智顕
編集者

おわりに

本書は山崎雅弘さんの裁判記録『ある裁判の戦記――竹田恒泰との811日間の戦い』と同時出版で、「山崎雅弘さんの裁判を支援する会」の事務を担当していた僕と山崎さんとで、この裁判の振り返りの対談をしたものです。

山崎さんは裁判の当事者ですが、僕は立場は近いけれど直接の当事者ではありません。ですから、裁判に対して持つ印象も、その評価も、少し（ほんの少しですが）違っています。その二人の総括を突き合わせてみた方が、この裁判を「立体視」する上では有効ではないかということで、書籍とは別にブックレットに対談を収録することになりました。

これを読めば、僕たちの言いたいことはちゃんと伝わったでしょうし、裁判の歴史的な意味についてもご理解頂けたと思います。

佃克彦弁護士、共同呼びかけ人になってくださった皆さま、裁判費用をご寄付くださった皆さま、ご支援くださったすべての市民の皆さまに、伏してお礼申し上げます。こうして発言の機会を提供してくださったかもがわ出版の松竹伸幸さんのご厚意にも感謝申し上げます。山崎さん、勝訴おめでとうございました。ほんとうにお疲れさまでした。

2023年3月　**内田樹**

資料　ご支援のお願い（内田樹）

みなさん、こんにちは。内田樹です。

こちらは山崎雅弘さんがいま行っている名誉毀損裁判のための費用をクラウドファンディングするためのページです。僕がこの募金活動の代表呼びかけ人となっています。

ご存じの方も多いと思いますけれど、山崎雅弘さんは戦史・紛争史研究家として多くの著作を書かれ、さまざまな媒体を通じて活発に現代社会の諸相について発言されている気鋭の論客です。そして、僕が信頼を寄せる年若い友人でもあります。

その山崎さんに対して、今回、竹田恒泰氏より名誉毀損の訴えがありました。経緯については山崎さんご自身が詳しく書かれていますので、それをご一読ください。

https://togetter.com/li/1435792

２０１９年11月13日に富山県朝日町教育委員会主催で開催が予定されていた竹田恒泰氏の講演について、山崎雅弘さんが、これまで差別的発言を繰り返してきた竹田氏の講師としての適格性について自身の Twitter 上で疑問を呈しました。その後、竹田氏の講演は中止となりましたが、これについて講演中止の責任は山崎さんにあるとして竹田氏が山崎さんのツイートの削除を要求し、山崎さんがそれを退けたことが本件の発端です。山崎さんは当該ツイートに関して、竹田氏自身が過去に差別的な発言を繰り返してきたという客観的事実を指摘していること、差別的発言は社会通念上許されないので、それを批判することは公共的な目的にかなっているということを根拠に、名誉毀損にはあたらないという立場をとっています。

ことの正否理非についてはみなさんが良識をもってご判断くだされば、いずれに理があり、いずれに正義があるかは自ずとお分かりいただけるものと思います。

裁判の推移については、これから山崎さんご自身から随時に報告がなされることになると思います。第一回は3月6日に開廷され、書面提出がなされました。４月以後、定期的に行われるはずです。

裁判にはかなりの金額の費用がかかります。また東京地裁での裁判ですので、三重県在住の山崎さんはそのつどの交通費・宿泊費を自費で負担しなければなりません。最終的に結審するまでにどれだけの費用を山崎さんが負担しなければならないのか、予測はつきませんけれども、僕としてはできるだけ友人の裁判活動を支援してゆきたいと思っています。

つきましては、趣旨にご賛同下さる方に裁判費用を支弁するための醵金をお願いしたいと思います。

僕自身はこれを単なる経済的な支援だとは考えておりません。

第一に、この訴訟は「言論の自由」という原理を毀損するものだと思うからです。今回の事案では、どちらの言い分がより条理が通っているかは、ひろく「言論の場」において吟味すべきものだと思います。言論の場が最終的に生き残るべき言葉を選ぶ。僕はそのくらいには言論の場の審判力を信じています。言論の自由はまさにそのためのものです。ですから、言論によって理非を論ずることを放棄して、直接法律で決着をつけようとする竹田氏の態度に僕は言論の場に対する敬意を認めることはできないのです。

第二に、このような訴訟では、訴えられた側はただちに高額の弁護士費用を負担し、以後多大の時間とエネルギーを裁判のために費やさなければならないということです。つまり、「経済的に余裕のある人間はいくらでも名誉毀損裁判を起こして、論敵を経済的に追い詰め、その本業を妨害することができる」ということです。これはアンフェアだと僕は思います。

言論の自由と言論の場の審判力を守るために、そして法の下でのフェアネスを守るために、僕は山崎雅弘さんの裁判費用支援をできるだけ多くのみなさんにお願いしたいと思います。

だいじなのは金額ではなく、支援の意志です。ですから、通常のクラウドファンディングのように、いくら寄付すると、どのような「リターン」があるというような仕組みは今回は採用しません。「何円お金が集ったか」よりも、固有名で支援の意志を示してくださる方が今の日本に「何人いるのか」の方がずっと大事だし、山崎さんをずっと力づけると思うからです。

ぜひご協力をお願い致します。金額はいくらでも結構です。それぞれの経済的余力に応じてご寄付ください。そして、この趣旨にご賛同してくださった方はできればお名前とコメントをお寄せください。どうぞよろしくお願い致します。

（2020年4月1日公開）

内田樹（うちだ　たつる）

思想家

1950年生まれ。神戸女学院大学名誉教授、凱風館館長。専門はフランス哲学・文学、武道論。

主著に『ためらいの倫理学』『レヴィナスと愛の現象学』『私家版・ユダヤ文化論』『日本辺境論』など。第六回小林秀雄賞、201年度新書大賞、第三回伊丹十三賞を受賞。

近著に『レヴィナスの時間論』。

山崎雅弘（やまざき　まさひろ）

戦史・紛争史研究家

1967年大阪府生まれ。古今東西の戦史・紛争史を多面的に分析する著述活動のほか、時事問題に関する論考を新聞・雑誌・インターネット媒体などに寄稿。

主な著書に『未完の敗戦』『歴史戦と思想戦　歴史問題の読み解き方』『太平洋戦争秘史』『第二次世界大戦秘史』『沈黙の子どもたち』『［増補版］戦前回帰』『「天皇機関説」事件』など。趣味は旅行と美術・博物館めぐり。

「ある裁判の戦記」を読む
差別を許さない市民の願いが実った

2023年5月25日　　第1刷発行

著　者　内田樹・山崎雅弘
発行者　竹村正治
発行所　株式会社かもがわ出版
〒602-8119　京都市上京区堀川通出水西入
TEL 075-432-2868　FAX075-432-2869
振替 01010-5-12436
ホームページ http://www.kamogawa.co.jp
印刷所　シナノ書籍印刷株式会社

ISBN978-4-7803-1277-5 C0336